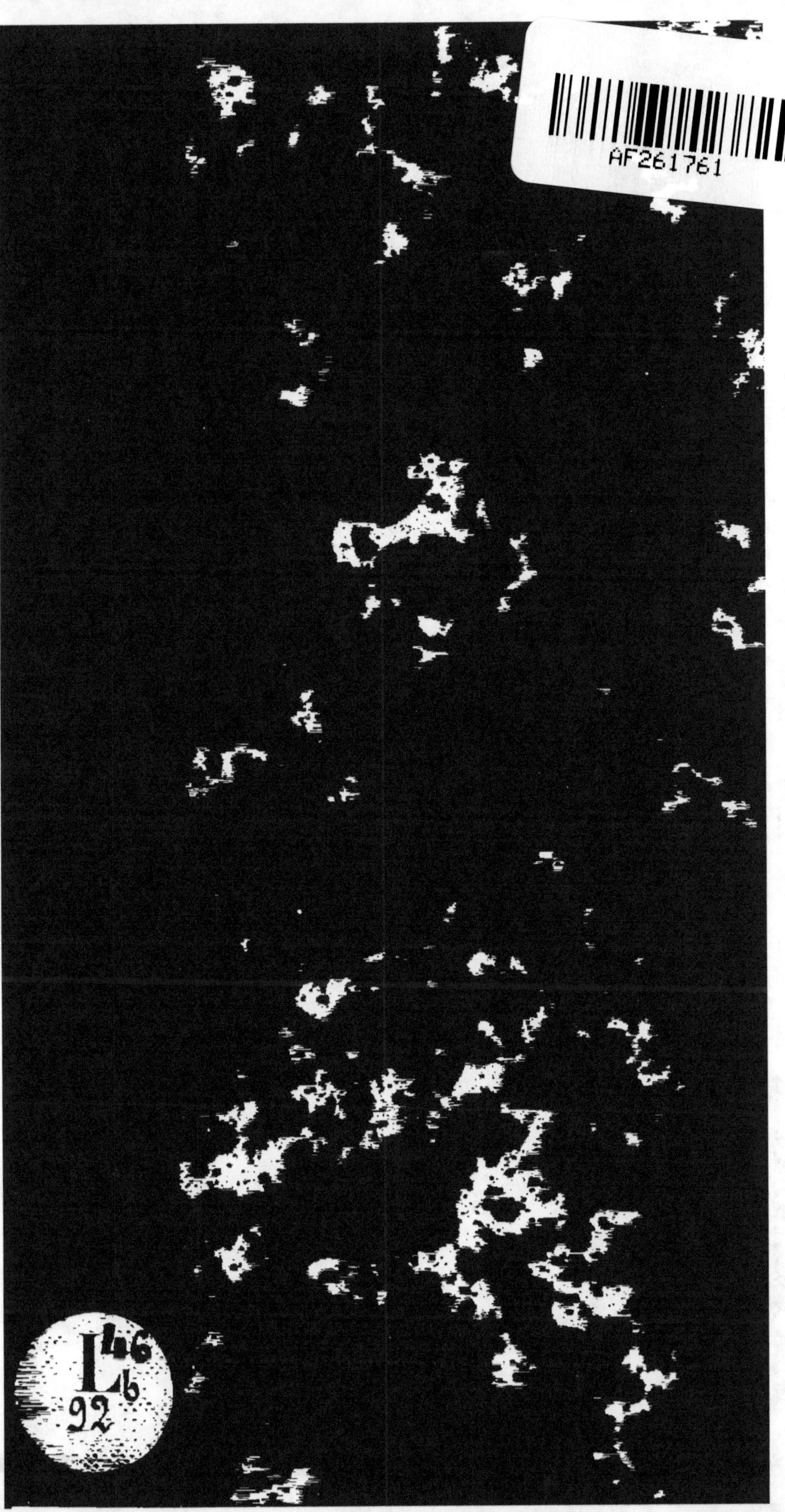
AF261761

DE L'EMPEREUR NAPOLÉON

ET

DU COMTE DE LILLE,

OU

RÉFUTATION DE L'ÉCRIT

DE M. CHATEAUBRIANT,

AYANT POUR TITRE:

DE BONAPARTE ET DES BOURBONS.

Come un sol astro ha il giorno,
Come un sol giove ha il polo,
L'eroe del mondo solo
NAPOLÉON sarà.

BIAGIO FIUCCIOLI.

PAR E. T. IBOURG, ex-Commissaire des Guerres.

A PARIS,

DELAUNAY, au Palais-Royal, galerie de bois.
PLANCHER, rue Serpente, n°. 14.

7 avril 1815.

Les formalités voulues par la Loi ayant été remplies , nous poursuivrons les contrefacteurs selon la
rigueur des Lois.

DE L'EMPEREUR

NAPOLÉON

ET DU COMTE DE LILLE.

Lorsque la brochure intitulée, *de Bonaparte et des Bourbons*, fut annoncée, je me fis les questions suivantes, que tous les honnêtes gens croient nécessaires pour juger de l'esprit dans lequel l'auteur a dû rédiger son ouvrage.

M. Châteaubriant a-t-il suivi la cause des Bourbons lors de leurs premiers malheurs, et les a-t-il abandonnés ensuite par un motif d'intérêt personnel, qui ne fait que des hommes vils? A-t-il jugé de ceux qu'il attendait, qu'il appelait de tous ses désirs, sur ceux qui ont régné, et que le néant a rappelés près de lui? L'a-t-on vu pendant le cours de la révolution, fuir ces démagogies horribles qui se partageaient notre France chérie? A-t-il quelquefois encensé ce souverain et ce gouvernement dont il maudit l'esprit et les erreurs? Est-ce l'espoir de parvenir qui vient l'égarer, et animer un courage dont la cause de la nation aurait pu tirer un grand parti, s'il avait voulu, sous le règne du tyran, lui accorder les secours de sa plume, de sa dialectique et de sa fermeté.

On ne l'a jamais vu en Italie, en Allemagne, en Prusse, en Pologne, en Angleterre, sur les pas d'un prince qui avait laissé son frère à la merci de ses bourreaux; qui appelait le déshonneur sur la conduite d'une reine à laquelle il ne devait que des respects ; qui engageait les puissances à porter la mort dans le sein de sa patrie; qui insultait, par son luxe et ses prodigalités insolentes, à la détresse de son roi; et qui, plus tard, pendant l'exil nécessaire où il traînait son existence ignorée, ne s'empara des marques de la souveraineté que pour secourir plus aisément les assassins qu'il faisait soudoyer auprès du pacificateur de son pays. On ne l'a point vu, lors de l'élévation au consulat, défendre les droits de celui qu'il semble chérir. C'était le moment de lui être utile, de prouver au peuple qu'un Bourbon, seul, pourrait lui donner le bonheur. Etait-ce son opinion ou la crainte qui le retenait? L'opinion. Le vainqueur de l'Italie pouvait lui paraître un homme extraordinaire, et celui que le ciel envoyait présider à nos destinées.

Je vais examiner son pamphlet avec autant de probité qu'il en a mis peu à nous peindre un règne que rien ne peut effacer de notre souvenir, et que la postérité saura mieux juger que lui.

Il divise son ouvrage en trois parties ; la première, et la plus considérable, est le tableau des erreurs de Napoléon Ier. ; la seconde est la défense des Bourbons, qui sert également à établir un parallèle que personne n'a pu trouver juste ; et la troisième n'est que le complément des deux autres, et tend à prouver aux alliés qu'ils ne peuvent laisser sur le trône celui qui bientôt parviendrait à s'emparer des leurs.

DE NAPOLÉON.

M. Châteaubriant pensait que nous touchions au jour de la miséricorde : après tant de malheurs, le secrétaire, l'ami de Couthon, a bien pu s'abuser. Il ne doutait pas que nous en eussions tous besoin ; mais il s'adressait plus particulièrement à ceux qui ne s'étaient point chargés de honte en s'expatriant pour assurer le salut d'un roi victime de fureurs insensées ; à ces hommes de la révolution, qu'ils eussent ou non cru avoir fait leur devoir, et qu'on connaît encore, soit par les emplois qu'ils occupent, soit par leur mérite ; à ces complices de la tyrannie, qui, devenus les admirateurs du chef de la nation la plus brave, et la plus difficile à opprimer, osaient montrer avec sincérité des regrets mêlés de larmes. M. Châteaubriant, qui méprise assez les hommes pour outrager jusqu'à leurs sentimens, pamphlétaire et transfuge, réclamait sans doute aussi la miséricorde divine pour un insensé dont il ne savait expliquer les fautes et encore moins les crimes.

Après avoir glissé légèrement sur les malheurs de notre patrie, dans des temps d'un douloureux souvenir, il nous amène à l'agonie du directoire, quand le peuple, fatigué du joug de cinq dominateurs, songeait à se donner un chef qui, bien qu'enfant de la révolution, ne fut pas, comme dit M. Châteaubriant, « un » chef en qui la loi corrompue dans sa source, » protégeât la corruption, et fit alliance avec » elle.... ». Le choix de la nation appela au consulat le vainqueur de l'Italie.

M. Châteaubriant reconnaît que des vertus légitiment des prétentions au trône, au défaut des droits de la naissance. Mais, sans crainte en nous insultant, il n'en accorde point à celui qui avait été le digne objet de tous nos vœux (1). Une mauvaise foi de ce genre dût indigner tout le monde, si j'en exepte ceux en faveur de qui il écrivait.

Victorieux sur tous les points où il se montra en Italie, le général qui porta la terreur de nos armes en Egypte, en Syrie, qui fit admirer en tous lieux la bravoure de ses soldats, les ressources de son génie, donna des preuves de

____

(1) Le droit au trône ne s'établit pas seulement par la naissance ; ce droit ne devrait être tout à fait légitime que pour le fils d'un grand roi, parce qu'on peut espérer qu'il gouvernera aussi bien que son père. Je conviens qu'on pourrait quelquefois s'abuser ; mais le peuple ne saurait-il trouver qu'un moyen pour assurer son bonheur.

cette humanité militaire qui ne ressemble pas à la pitié affadie de la plupart des hommes, et qui prend sa source dans la sensibilité du cœur et la force du caractère. Ce général, élevé à la dignité de consul, qui enchaîne toutes les factions, qui fait taire toutes les haines, qui fait cesser toutes les horreurs de nos divisions, qui rend au peuple sa tranquillité, son commerce, sa religion; qui triomphe de cet esprit farouche que des Français barbares alimentaient dans la Vendée; qui rappelle à leur patrie de malheureux déportés; qui forme un gouvernement; qui fixe les droits des particuliers; qui donne à la France une paix que l'Europe entière lui avait long-temps refusée, et qu'elle aurait long-temps peut-être attendue sans lui : ce général n'avait rien, ose dire M. Châteaubriant, qui motiva son élévation ! Quels sont donc les vertus que cet écrivain pouvait exiger d'un seul homme ?

Il aurait voulu sans doute qu'à cette indifférence pour le peuple, qui distingue nos derniers rois, le souverain joignît la faiblesse, l'hypocrisie religieuse, l'art d'être tout par les autres; qu'enfin, à l'exemple de ses prédécesseurs, il se fût laisser dominer par des courtisans; que la capitale eût été pour lui un séjour ennuyeux, qu'il n'aurait visité que rarement, et que, comme un de ses animaux enlevés aux forêts de l'Afrique et qu'on destine à être enfermés dans une ménagerie, il ne s'y fût montré que pour satisfaire la curiosité stupide de la populace; qu'il eût laissé vivre les bons habitans de Paris, dans des rues, des halles, des carrefours mal sains; que nul embellissement, souvent nécessaire, n'eût enlevé de fonds au trésor, que l'on aurait réservé pour des caprices de princes et de maîtresses; que des ponts, des quais, des places, des monumens, des fontaines, des lieux destinés à exposer toutes les productions de l'industrie et des arts, n'eussent excité la vanité des Parisiens et l'envie des étrangers; que dans l'intérieur, des routes, des canaux, des travaux sans nombre n'eussent point favorisé les rapports des Français les plus éloignés. Combien est à plaindre l'homme que l'aveuglement de l'opinion égare dans ses discours et dans ses écrits! Quelle confiance, quels sentimens peut-il inspirer!

Il faut l'entendre parler des crimes du chef de l'Empire. Quoi! des assassins, des conspirateurs, ont pu trouver un écrivain du mérite de M. Châteaubriant pour être leur apologiste! Mais afin de donner quelque poids à sa cause, il aurait dû nous prouver que Napoléon avait été un usurpateur. Lorsque ce général fut élevé à la dignité de consul, des factions sans nombre déchiraient la France; les Bourbons avaient perdu un trône devenu la proie du peuple; la mort planait sur toutes les têtes; l'espoir même ne nous était plus permis; on pleurait des malheurs sans nombre, sans en prévoir la fin; dix ans d'anarchie, de maux et de tourmens avaient comprimés tous les cœurs, et les Français esclaves ne pouvaient plus sortir de leur stupeur, ni rompre leurs chaînes de fer ; des souverains , appelés par des princes qui comptaient nous donner des lois un jour, couvraient de leurs soldats le territoire des braves ; l'agriculture languissait , et les habitans de la campagne, transformés en bêtes de somme , cachaient dans des greniers les nombreuses ressources qui affamaient la capitale ; enfin , de quelques côtés qu'on tourna ses regards, la désolation portait le trouble dans l'âme. Personne ne pensait à rappeler les Bourbons, à cette époque de nos plus grandes calamités. On ne les croyait peut-être pas capables de tenir d'une main assez ferme les rênes de l'état : on craignait de voir renaître avec eux cet empire des prêtres , qu'ils appellent une des prérogatives de la religion, et qu'ils ne devraient jamais ambitionner ; cette féodalité avilissante pour des hommes rendus à la liberté et aux lumières ; cette puissance absolue d'une monarchie renversée, qui, chez des princes que des sentimens de haine et de vengeance devaient animer, eût été très-dangereuse pour la tranquillité et le bonheur du peuple. Il fallait donc un homme né parmi les orages révolutionnaires, chargé du poids d'un grand nom , qui fût assez fort pour diriger les affaires et arrêter l'audace des ennemis de la France, et le choix tomba sur le général Bonaparte. Le moment était difficile ; et l'éloge le plus complet qu'on puisse faire du gouvernement consulaire , c'est que nous parvînmes à goûter le repos tout en nous agrandissant du fruit de ses conquêtes.

La France avait reconnu un souverain, sa volonté seule l'avait légitimé. Les désirs du peuple suppléèrent aux droits de la naissance. Si l'on admet qu'il ne peut se choisir un chef, il ne faut plus lui donner le titre de nation : ce n'est plus qu'une réunion d'hommes esclaves. Croyez-vous que celui, qui, destiné en naissant à régner sur de tels hommes, semblable à un de ces pachas d'Orient, voulut remercier le ciel d'une faveur aussi grande, s'il pouvait raisonner assez pour l'estimer à sa juste valeur ? Non sans doute. Quand le général Bonaparte fut élevé à la dignité de consul, on ne voyait personne plus que lui capable de réunir tous les partis. Sa réputation militaire imposait autant à l'armée qu'à la nation entière, ce respect, cette estime, qui forment en partie la puissance du chef d'un grand état. Il ne dut qu'à son mérite d'être le premier magistrat de son pays. Reconnu des puissances, qui redoutaient le succès de ses armes, il pouvait se livrer à l'administration intérieure, dont il organisa toutes les branches. Préfectures, tribunaux, instructions publiques, établissemens de tous genres, codes de lois ; le bonheur des citoyens étaient le seul but de ses immenses travaux. Pas un moment de loisir. Son repos aurait pu retarder la félicité dont il se promettait de faire jouir les Français.

Nous arrivions à ce moment désiré avec tant d'ardeur. Le commerce commençait à renaître, la confiance excitait l'émulation de tous ; la jeunesse, rendue à ses études, promettait au dix-neuvième siècle, tout l'éclat des lumières du règne de Louis XIV. Les mœurs se renouvelaient parmi nous. Il était donc impossible de ne pas espérer d'être heureux sous un gouvernement plein de prévoyance, dont l'œil, toujours ouvert sur nos besoins, craignait de ne pouvoir les satisfaire; sous un gouvernement qui maîtrisait les factieux au-dedans et les ennemis au-dehors. L'Angleterre, jalouse de notre tranquillité, avait alors écouté les fureurs de quelques exilés, que l'ambition des titres et du pouvoir tourmentaient encore dans ce coin de terre que l'hospitalité leur avait accordé. Bientôt débordèrent sur le continent des nuées d'assassins et de conspirateurs envoyés près du consul, qu'on approchait trop facilement, tandis que leurs gagistes, usant des seuls moyens en leur pouvoir, soufflaient chez nos voisins, l'esprit de vengeance qui les animait contre nous.

Le ciel veillait sur la France, et il ne permit pas que de nouvelles calamités vinssent troubler la paix qu'il n'avait pu réfuser à ses vœux.

L'attentat le plus horrible n'eut point le succès que des furieux, des insensés avaient cru pouvoir en espérer. On devinait d'où le coup était parti ; mais il était difficile de se saisir des coupables, qui, cachés sous des lambeaux où l'or de leurs habits, trompaient la vigilance de la police, soit en parvenant à prix d'or, à se procurer des retraites peu aisées à découvrir, soit en éblouissant de quelque gloire le Consul, qui, les connaissant mal, daignait les honorer de son estime. Cependant l'active police parvint à découvrir plusieurs des complices ; et, l'énormité du crime leur donnant des remords , on connut bientôt tous les fils d'une conspiration terrible. Les tribunaux ne furent pas long-temps sans être saisis d'une affaire aussi compliquée ; et si quelques-uns échappèrent au glaive de la justice , ce fut par un acte de clémence ou par un reste de souvenir de leur ancienne utilité à la patrie. Nous en avons eu la conviction depuis. La France avait un chef, nul homme , sans être criminel , ne pouvait attenter à ses jours. Pourtant on a cherché à démontrer que l'assassinat du Consul ne pouvait être considéré comme un crime ; que sa personne ne pouvait être sacrée , attendu qu'il occupait la place d'un autre, et qu'il n'appartenait pas au peuple de nommer celui qu'il voulait obéir , que Napoléon avait usurpé la couronne du comte de Lille. Ainsi, la nation entière recevait un démenti formel; ainsi, le peuple et l'armée ne pouvaient disposer du caractère de la puissance; ainsi, des fuyards, qui mandiaient des secours étrangers , méconnaissaient la force de toute la nation , et voulaient la soumettre au joug de leur propre volonté.

Mais pendant que des cruels s'agitaient dans l'intérieur, les cours étrangères étaient fatiguées du bruit de réclamations mal fondées. On voulait leur prouver qu'il était d'un mauvais exemple de laisser les peuples libres de se choisir leurs maîtres ; que la cause des Princes français était celle de tous les souverains, et qu'ils avaient à venger sur nous une influence qui ne pouvait manquer d'agir sur l'esprit de leurs sujets, et leur devenir funeste un jour. C'est avec des intentions aussi pures, que les Princes, parmi les émissaires desquels on comptait quelques Altesses, entretenaient des correspondances secrètes dans tous les pays, attisaient le feu de la guerre contre notre patrie, et nous suscitaient des ennemis que des souvenirs de défaites faisaient trembler encore.

Parmi les petits souverains allemands, il s'en trouva un assez ami de notre bonheur pour nous prévenir des trames qui se ourdissaient contre la France. Mettant à part ces préjugés infâmes qui font d'un peuple heureux un peuple de victimes, il daigna instruire le gouvernement des maux que sa sollicitude pour nous avait à redouter, et l'aida dans les moyens d'exécution qui devaient en arrêter les progrès. De quelles accusations graves la démarche du Consul ne devint-elle pas l'objet! Les émigrés, que sa bonté avait bien voulu rappeler, le dénigrèrent partout où il leur était resté quelques amis. «Jamais on n'a-
» vait vu de tyran assassiner un prince de la fa-
» mille de son prédécesseur pour mieux conso-
» lider sa puissance. Un trait aussi barbare était
» réservé à l'homme qu'une nation vaine et
» aveugle s'était choisi pour la gouverner : les
» fastes de l'histoire n'offraient point de cruauté
» de ce genre ». Et soulever le peuple, pour profiter de ses divisions, était le but que se proposaient des ingrats. Au milieu de ses cris, dont la malicieuse politique a fait usage pour répéter

des horreurs lorsque Napoléon-le-Grand fut contraint d'abandonner un moment son trône; au milieu de ses cris enfantés par la rage, les hommes les plus éclairés ne voyaient dans une conduite qui donnait prise à la malveillance d'un parti contraire, que la juste mesure d'une fermeté que la France devait admirer Quoi! des séditieux attentent à votre tranquillité! Quoi! des hommes cherchent à vous susciter des guerres, à troubler l'état de paix dans lequel vous vous trouvez! Et, lorsque votre gouvernement use de la rigueur qu'exige la gravité de la circonstance, vous élevez la voix contre lui! Vous le blâmez des douleurs qu'il vous évite! Vous ne reconnaissez plus la main qui vous a rendus à vous-mêmes! et, oubliant quelle dette il vient de vous faire contracter envers lui, vous écoutez paisiblement les paroles injurieuses d'écrivains mercenaires! Non, Français! vous n'étiez pas dignes du grand homme que vous avez pourtant su vous donner. Trop heureux, s'il ne dédaigne pas de vous donner des lois.

Napoléon, forcé de punir de grands coupables, s'éloigna pour jamais ceux que des sentimens quelconques attachaient à leur sort. Cachés parmi le peuple, que le malheur attendrit facilement, répandus dans les cours étrangères, ils plaignaient sans cesse le destin des victimes sacrifiées à la paix intérieure de la France. Ils semaient partout ces bruits perturbateurs, que l'intention du souverain était d'obtenir la monarchie universelle; qu'une ambition démesurée nous con-

duirait à notre perte , et que le bien de la patrie
n'entrait pour rien dans sa conduite. A l'égard des
conspirateurs , que la véritable grandeur ne con-
sistait point à égorger des hommes pour les
fautes commises par suite de l'opinion , parce
qu'elles n'étaient point réellement fautes à leurs
yeux , qu'il fallait pardonner généreusement à
de tels hommes. Mais ils sentaient si bien cette
vérité, qu'on ne doit point pardonner à des conspirateurs , qu'ils auraient voulu prouver qu'aucune conspiration n'avait été ourdie. Sans doute
que ceux qui avaient ces desseins étaient des
échappés de Quibéron ! Ici , en peignant les
maux cruels que réservait à notre confiance
aveugle un chef devant qui tout l'univers trem-
blait , ils nous menacaient de l'envahissement
de notre territoire par des puissances amies ,
qu'animaient le désir de nous rendre de bons
princes , que nous n'appelions pas ; ailleurs ,
prophètes sans le savoir, ils annonçaient que nos
armées victorieures entreraient dans des capitales
de rois vaincus. Enfin , pour le bonheur de
quelques-uns , ils semaient la discorde et cor-
rompaient la tranquillité de tous.

C'est avec de tels moyens que le comte de
Lille espérait remonter sur un trône qu'il ne
devait revoir qu'un moment. C'est en excitant
les étrangers contre nous et les Français entr'eux,
que ses stipendiaires, à la solde de l'Angleterre,
le trompaient sur nos dispositions , en flattant
son orgueil et son ambition , encore accrue par
l'impossibilité de la satisfaire. Il eut beau pro-

tester contre le vœu du peuple et l'acte du sénat, Napoléon, acceptant la dignité impériale, forma une barrière entre la France et celui qu'il ne pouvait plus lui être permis de dépasser sans crainte.

Ses réclamations auprès des puissances n'eurent aucun succès, et il eut la douleur de les voir reconnaître le nouveau possesseur d'un bien auquel il avait aspiré. Sans doute que notre indifférence dut affecter un prince d'une vanité excessive ; mais puisque nous avions méconnu déjà les droits de la naissance, que nous avions à choisir pour nous gouverner celui qui nous avait paru en être le plus digne par des talens et un génie supérieur, il ne devait pas s'attendre à nous trouver favorables à ses désirs. Nous avions reçu des premiers événemens l'élan qui nous guidait vers de grandes choses, et, devenus une nation belliqueuse, il fallait être doué d'une âme extraordinaire pour oser nous commander. Napoléon, seul, pouvait convenir à des Français ; et sans l'envie de dominer les mers, dont une nation marchande et unie était atteinte, l'activité de notre commerce nous assurait à jamais la félicité la plus parfaite.

Mais j'arrive à cette époque où la cession d'un royaume coûta presqu'aussi cher à la France, sous Napoléon, que sa prise de possession sous un de nos grands rois : je veux parler de l'Espagne. Plusieurs sujets de trouble dans la famille royale mécontentaient le peuple, faisaient languir les affaires et amenaient la confusion dans toutes les branches de l'adminis-

tration de l'Etat. Charles IV, bon, sage, pré-
voyant, gouvernait en prince éclairé et s'était
fait aimer de ses sujets. Un homme, tiré de
l'oubli où il vivait, parvint, à force d'esprit,
d'adresse et de soins, à se saisir de la confiance
de son maître. A des qualités qu'un roi aime
à rencontrer dans ceux qui l'approchent, cet
homme joignait une finesse rare, un tact exercé,
et ce grand savoir à la cour d'être servile sans
s'abaisser. Mais il ne se devait pas à lui
seul sa fortune. Extraordinaire, bizarre, cette
déesse avait voulu donner des preuves de ses
caprices. Elle alla donc chercher dans les rangs
des gardes du roi un soldat qui fût capable
de mépriser des devoirs dictés par ses sermens,
et le conduisit par la main jusques sous les
yeux de sa reine, dont elle avait disposé les
sentimens. Alors, l'abandonnant à ses propres
moyens, il était arrivé à un haut point de
grandeur, et défiait le stupide orgueil de ses
devanciers. Ce soldat, fier de la bonté de son
souverain, siégea bientôt auprès de lui dans les
conseils, et ne lui laissa pas long-temps le poids
énorme du pouvoir. A l'aide de la reine, le chef
de l'Etat n'eut plus qu'un titre vain, et le soldat
régna sur les Espagnes. Quelle fut son influence
sur le sort de ce pays! Combien nous avons lieu
de nous en plaindre, nous qui paraissions devoir y être tout à fait étranger! Entreprenant
et hardi, le prince de la Paix fit tous les projets
d'un homme du génie le plus actif, et se laissa
entraîner trop loin par ses chimères. Les

moyens qu'il voulut employer n'eurent que des résultats pénibles. Lorsque les hommes qui occupent des postes éminens n'ont point la force d'étouffer le cri de leurs passions, tout ce qu'ils veulent entreprendre pour la prospérité de leur pays tourne à son désavantage. Tel fut le destin des Espagnes. Victimes de leur reine et d'un sujet, il était impossible de prévoir les événemens funestes dont elles devinrent la proie. Il est donc vrai qu'une démarche qui tend à altérer les mœurs, peut, chez les grands, causer des maux inouis. Il est donc vrai que la faiblesse d'un roi nuit au bonheur de ses peuples, et que la tyrannie n'est pas plus à craindre qu'elle. Charles IV et les Espagnes en ont acquis la fatale expérience.

Mais tandis que le prince de la Paix travaillait à consolider sa puissance en assurant dans ses mains le timon des affaires, le mécontentement du peuple, de l'armée, de la cour, des membres de la famille royale, lui causait souvent de vives inquiétudes. Les ministres, les grands de l'Etat, voyaient avec peine au-dessus d'eux celui dont ils avaient long-temps ignoré l'existence. Ils étaient blessés que rien ne pût se décider sans lui, et qu'il osât faire des représentations, on leur fit donner des ordres qu'ils se trouvaient dans l'obligation d'exécuter. Tous ceux qu'un même motif, le bien de l'Etat, aurait dû animer, ramenaient tout à leur intérêt personnel. L'anarchie s'était emparée des Espagnes, et présageait les plus grands maux. La confusion s'était glissée dans les affaires. On voyait à chaque pas l'image la plus effrayante de la désolation. Le désordre des esprits préparait les Espagnols à une révolution presqu'inévitable. Dans ces circonstances difficiles, Charles IV pensa qu'il était possible d'empêcher l'effusion du sang, en abdiquant un couronne, qui ne laissait en partage que des dégoûts et des tourmens. Ferdinand fut roi.

Presqu'aussi-tôt instruit que les troubles et les divisions avaient été fomentés par les Infans, particulièrement par le prince des Asturies ; que la jalousie qu'inspirait le prince de la Paix en était le moteur, Charles IV protesta contre l'abdication à laquelle les événemens l'avaient forcé, et pria l'empereur Napoléon de l'aider à remonter sur son trône. Mais les Espagnols, trop prévenus contre le prince de la Paix, ne voulaient plus le revoir auprès de Charles, qui ne savait pas se priver de son favori ; mais Ferdinand n'était pas disposé à satisfaire les volontés de son père. et persistait à garder un royaume qu'il devait posséder un jour.

Alors Charles IV vint trouver l'empereur Napoléon à Bayonne, et il y appela son fils, qu'il menaça de sa colère en cas de désobéissance. Soit la crainte de son père, soit celle de voir ses états envahis par un guerrier habitué à vaincre, il ne tarda pas à réjoindre son roi.

Une fois réunis, il ne s'agissait plus que de déterminer les moyens d'assurer la tranquillité aux Espagnes. Charles IV ne voulait point abandonner le prince de la Paix ; et, comme il avait été trompé par son fils, son intention était de le punir. Il lui déclara donc que, disposé à vivre désormais en simple particulier, il jugeait à propos, pour rendre le bonheur à ses peuples, que lui, Ferdinand, par son ambition et sa conduite, leur avait enlevé, d'abdiquer en faveur de Napoléon, seul prince capable de ramener la paix dans son royaume.

Les Infans, se soumettant aux désirs et aux ordres de leur souverain, présentèrent à Napoléon un acte revêtu de la signature de tous les membres de la famille, par lequel ils lui cédaient leurs droits au trône des Espagnes et des Indes. En même temps que l'Empereur ferait marcher ses armées sur Madrid et sur les frontières du Portugal, pour s'assurer ses nouvelles possessions, il appelait à les gouverner son frère Joseph, qui occupait alors le trône de Naples.

Reconnu de toutes les puissances, Joseph Ier aurait pu rendre heureux ses nouveaux sujets, dont il parvenait à se faire aimer, sans les intrigues du gouvernement anglais et les agens secrets qu'il soudoyait pour entretenir l'agitation dans les esprits et les porter à la révolte.

Joseph Ier avait pour lui tous les hommes sages de la nation ; et lorsque Ferdinand, reporté sur son trône par les forces de l'Angleterre, conseillé par l'infant D. Antonio, son oncle, et le grand aumônier, don Juan Escoquiz, annonça ses coupables projets de vengeance et le règne de

fer qu'il promettait aux Espagnes, en rétablis-
sant l'affreuse inquisition , en prononçant dans
des actes iniques l'anathème le plus violent
contre tous ceux que la bonté de Joseph avait
séduits, quarante ou cinquante mille citoyens
abandonnèrent une patrie où la honte et la
mort les poursuivaient jusques dans leurs retraites. Réfugiés en France, ils y attendent
qu'un moment favorable leur permette de re-
tourner dans leur pays.

Dans son ouvrage ayant pour titre : Représentations du conseiller d'état espagnol don Fran-
cisco Amoros au roi Ferdinand VII, M. Amoros
s'exprime ainsi :

« Nous avons dû le servir (Joseph Ier) avec
» zèle et constance , parce qu'il s'opposait au-
» tant qu'il le pouvait au despotisme des gou-
» vernemens militaires en Espagne , que la
» résistance tumultueuse du peuple avait forcé
» d'établir, et parce qu'il réprimait avec ardeur
» tous les attentats contre l'indépendance et
» l'intégrité nationale. Nous avons dû nous
» unir chaque jour plus fortement autour de
» lui, et ne pas nous abaisser jusqu'à la foule
» de ceux qui crient vive le vainqueur! parce
» que sa cause était celle de Votre Majesté , de
» son auguste père et de tous les souverains de
» l'Europe; parce que sous son gouvernement
» seul on connaissait en Espagne l'empire des
» lois, que l'hydre de l'anarchie était enchaî-
» née ; et parce que dans son parti les Espa-
» gnols n'ont pas commis les crimes de la révo-

» lution, ni les désordres qui ont fait un chaos
» de la malheureuse Espagne.

» Enfin nous avons dû soutenir ses décrets
» et contribuer à leur exécution , parce qu'ils
» prescrivaient les réformes dont la nation avait
» besoin, que les lumières du siècle récla-
» maient, qui adaptaient l'administration pu-
» blique aux systèmes reconnus comme les
» meilleurs , puisqu'ils consolidaient la puis-
» sance de l'état et assuraient sa liberté poli-
» tique , ainsi que sa véritable gloire. Il n'y a
» pas de doute, Sire, et les Français ne se sont
» pas seulement battus en Espagne pour sou-
» tenir le roi d'une nouvelle dynastie , mais en-
» core pour assurer l'empire des lumières, des
» lois et de la justice ; et l'on voit maintenant
» que leur entreprise était généreuse , et qu'ils
» n'ont pas à rougir des efforts qu'ils ont faits,
» ni du sang qu'ils ont versé, quoiqu'ils n'aient
» pas atteint, sous ce rapport, le but désiré, et
» que l'étendard de l'intolérance et du fana-
» tisme flotte de nouveau sur tant de victimes
» pour en sacrifier encore d'autres. »

J'ai voulu citer ce passage parce qu'il serait
facile d'adapter cet éloge de Joseph Ier à la
conduite de l'empereur; parce qu'il prouve que
le nouveau roi avait des droits à l'amour de
ses sujets, et que la guerre des Français en
Espagne avait encore un autre but, celui d'empêcher que les Anglais ne se rendissent maîtres
d'un pays où leur puissance eût été fatale au
système que l'empereur avait adopté.

Ainsi cette guerre que M. Châteaubriant appelle injuste et tyrannique ; cette guerre où nos pertes ne s'élèvent pas à cent vingt mille hommes, malgré qu'il les ait porté jusqu'à six cent mille ; cette guerre qui devait nous assurer un allié puissant, un débouché certain pour notre commerce, dont nous aurions privé le colosse des mers, un point d'appui pour rentrer dans nos anciennes possessions ; cette guerre basée sur un point de droit des mieux établis, et dont Louis XIV reconnut la justice pour Philippe V, a pourtant fait naître des diffamateurs. Des gens, intéressés à ternir l'éclat de la gloire française et les actions d'un grand homme, auraient voulu nous trouver disposés à les croire. Le mépris dont la honte les couvre ne permet pas à la raison de discuter ; elle se contente de la simple connaissance des faits pour former une opinion claire et exacte des événemens.

Ainsi de puissans motifs légitiment la guerre d'Espagne : les droits que Napoléon reçut de l'abdication de Charles IV et de Ferdinand VII au trône qu'ils lui avaient abandonné ; la conduite des Anglais, qui auraient voulu se rendre maîtres de ce royaume, ou au moins le voir à un prince ennemi de la France, quel qu'il fût.

L'Angleterre, armée de son or, fit du peuple le plus orgueilleux un véritable peuple d'esclaves, que l'hypocrisie des prêtres, vendus à ses seuls tyrans, anima contre son souverain et contre nous.

Cette guerre était donc devenue nationale en

ce que les Anglais appuyant d'une armée les factieux qu'ils avaient soulevés, il ne s'agissait plus pour nous d'établir une nouvelle dynastie à laquelle les intérêts de Napoléon et les nôtres fussent liés, mais bien de combattre les ennemis de la patrie partout où ils se montraient et plus encore lorsqu'ils étaient contraires à nos desseins.

M. Châteaubriant attaque l'administration de Napoléon. Que de fautes et d'erreurs, s'écrie-t-il! Une administration, quel que soit le système adopté par le chef de l'état, lorsqu'elle assure à chacun sa liberté, ses droits et ses intérêts; lorsqu'elle procure au peuple les douceurs qui lui font aimer son gouvernement, est sage, juste et calculée sur le bien général. Si la marine n'agit pas au-delà de nos ports, devons-nous en accuser Napoléon? Il fallait qu'il choisît le moyen le plus efficace d'abattre la puissance de la piraterie anglaise, et tout prouve en faveur de son discernement. Il n'a jamais violé le soir les dispositions qu'il avait arrêtées le matin. C'est un mensonge, une absurdité dont M. Châteaubriant s'est rendu coupable. Au contraire, ses décrets, quel que fût le sujet qui les eût dictés, ont toujours reçu leur exécution. S'il les a modifiés, le motif en est facile à trouver dans les circonstances où il a cru devoir le faire. Il était réservé à l'auteur des martyrs d'avancer que la liberté ne fut jamais assurée. Quels sont les hommes probes, exempts de reproches, qui viendront nous dire qu'ils ont été privés des droits de citoyens ? Où sont ceux qui gémissaient dans les prisons, par le seul caprice ou la crainte qu'ils inspiraient au souverain.

La conscription, cette loi contre laquelle se sont élevés tant de gens, n'était point, dans son principe, arbitraire non plus que tyrannique. Elle avait fixé les devoirs que tous les hommes doivent remplir pour le salut de leur pays. On ne réclamait d'eux que cinq années de leur temps ; mais si les événemens exigeaient leur présence à l'armée, ils ne pouvaient obtenir de congés que dans des cas déterminés. Notre gloire nous attira souvent des guerres, que la foi jurée ne permettait pas de craindre. Trompé plusieurs fois par la majeure partie des Gouvernemens étrangers, l'Empereur ne put accorder aux Français qui se trouvaient sous les drapeaux la faculté de rentrer dans leurs foyers sans des motifs qui les empêchât de servir. Des levées mêmes furent nécessaires ; mais il ne faut point s'abuser, les corps ne reçurent pas toujours la totalité des contingens qui leur avaient été assignés. Le mauvais esprit de certains départemens exigeait qu'on prît des mesures sévères pour assurer à l'armée les ressources qui lui étaient indispensables. Quelques abus, dont la répression toujours tardive laisse une idée défavorable, fut mise à profit pour grossir des maux dont nous aurions à peine ressenti les atteintes, si des hommes toujours mécontens ne nous les eussent point fait apercevoir. Je sais qu'il était

pénible pour les familles de voir partir le seul
espoir que le ciel leur avait accordé , sans que
la certitude de revoir cet objet chéri vînt adou-
cir d'aussi justes douleurs. Cependant les mêmes
soldats ne pouvaient pas finir leurs jours dans
les camps. Le canon de l'ennemi en enlevait à
notre estime, à notre amour : il fallait les rem-
placer. Un peuple tel que le nôtre , chargé de
gloire , ne pouvait pas rester sans une force militaire imposante. C'est elle qui dans tout l'univers a porté le nom français , et l'a voué à l'admiration de tous les siècles. Le fils indispensable
à sa mère , à son père sexagenaire , lui était
conservé : un frère à l'armée exemptait un frère
appelé , par son âge , à entrer dans les rangs.
Les maladies, les infirmités , les vices de confor-
mation , étaient, malgré ce qu'en a dit M. Châteaubriant, autant de motifs d'exclusion. Les
remplacemens de toute espèce , autorisés par la
loi , laissaient aux parens la faculté de disposer
de leurs enfans. On poursuivait les déserteurs ;
et, pour les forcer à rejoindre , des colonnes
mobiles avaient été organisées. Qui se plaindra
d'une mesure que la justice et les lois réclamaient? Pourquoi la volonté des uns aurait
privé les autres des secours que nous nous devons tous mutuellement? Aux yeux de l'honneur, la désertion est un crime. J'ai servi, moi :
malgré les regrets que me faisait éprouver le
souvenir des douceurs de la vie civile , j'ai passé
cinq ans sous les drapeaux; et, jeune encore ,
j'en compte douze d'utilité à mon pays. On m'a

vu en Italie, en Autriche, en Russie, en Prusse, me glorifier d'être Français, et de servir sous le plus grand capitaine. C'est un sentiment que je partage avec bien des hommes; mais qui n'a jamais souffert la moindre altération. Je plains ceux dont le caractère, semblable à la plus molle argile, prend toutes les formes que lui donnent les circonstances; ils perdent en quelque sorte les marques distinctives de l'homme. Le changement n'appartient qu'à la faiblesse.

Où êtes-vous, femmes enceintes, dont parle M. Châteaubriant, qui avez été mises à la torture pour avoir eu des fils qui osaient vous livrer à ces actes de férocité? Faites entendre votre voix, et que les cruels tourmens dont on vous rendit victimes retombent sur la tête de leurs auteurs. Ah! si votre tendresse eut ses momens de souffrance, mères des défenseurs de la patrie, osez confondre l'écrivain qui, dans l'audace du mensonge, a voulu nous attendrir en nous abusant par la peinture des maux que vous n'avez jamais pu redouter; que tout l'odieux qu'il voulut répandre sur les actions d'un Gouvernement digne des plus beaux temps de Rome antique, lui serve aujourd'hui de masque, et qu'il soit reconnu de quiconque l'approchera.

Oui, sans doute, la facilité avec laquelle on obtenait des hommes dégénéra en abus, parce que les puissances, pour abattre nos masses, appelaient une partie de leur population, décidées à nous écraser. Pour éviter notre perte, nous avions besoin de levées nouvelles. Mais l'écrivain qui a osé injurier Napoléon, avance que 1,300,000 hommes ont été demandés dans l'espace d'un an. Cette exagération est digne de lui. Les appels ont été fréquens, cela est vrai. Toute l'Europe liguée contre un seul peuple, exigeait de lui de grands sacrifices. Pourtant ils ne furent pas tout ce qu'on pourrait en penser. J'ai sous les yeux le résultat de la levée des 300,000 hommes : il n'en est pas parti plus de 40,000 des départemens, et 20,000 n'ont pas vu les aigles de leur corps.

Si le métier des armes nuisit aux progrès de l'agriculture pendant 1812, 1813 et 1814, il ne priva pas les arts d'un seul homme dont l'absence aurait pu leur être funeste. Conservés aux études qu'ils avaient choisis, les artistes eurent lieu d'être satisfaits de la protection du Gouvernement : la conscription n'eut aucun accès sur eux. Chacun peut raisonner des torts qu'elle a causés; mais M. Châteaubriant, seul, sait les porter à un excès qui n'est, chez lui, que la suite du fanatisme et l'égarement de l'opinion.

Quel que soit le mode de recrutement qui soit adopté, on ne pourra jamais rejeter toutes les bases sur lesquelles la conscription fut établie.

Pour terminer ce qui a rapport à l'administration de Napoléon, je vais me résumer.

Sans parler de la dissolution des mœurs, inséparable d'une longue anarchie, que le rétablissement de la religion fit cesser en partie, et qui est entièrement dû au génie qui termina nos dissentions, qui fit taire les factieux , qui calma tous les partis , je passerai à des objets non moins intéressans.

La cour des comptes n'était qu'une commission peu munie de pouvoirs, elle devint une institution grande et utile. La banque de France fut créé. L'organisation des préfectures , des tribunaux , des cours supérieures de justice eut lieu dans tout l'empire. L'université parut , et l'enseignement perfectionné put être accordé à toutes les classes de citoyens , et l'on aida même ceux qui avaient rendu des services à la patrie, soit en leur cédant une partie du prix fixé , soit en le leur abandonnant en entier. L'académie fut récréée sous le nom d'institut, qui eut des réglemens nouveaux, et prit une forme plus convenable aux lumières du siècle. Les ministres n'eurent d'autre pouvoir que celui qui était indispensable au succès des affaires qui désignaient leur département. Un conseil d'Etat facilita au Gouvernement la connaissance de toutes les discussions, et le mit à même d'aller au-devant du bien-être du peuple. Les deux chambres apprirent quelles étaient l'étendue et les limites de leurs fonctions. Les arts furent exclusivement protégés. Paris devint une nouvelle ville : des travaux sans nombre la rendirent la première capitale du monde. L'empire entier put se féliciter du génie fécond de son Souverain, et les Français reçurent de toutes les nations le titre de Grand-Peuple.

Si M. Châteaubriant eût été réellement Français, il aurait détesté la politique anglaise, contre laquelle Napoléon ne cessa de tourner la sienne. Il aurait établi en principe qu'un Gouvernement ne va jamais trop loin quand il s'agit de poursuivre les ennemis de son pays. Ainsi, il était de son devoir, si c'eût été un écrivain judicieux, d'admettre que le système continental n'avait pu être enfanté que par une imagination grande et élevée qui embrassait avec feu la cause de la Nation. Il est certain que l'Angleterre vit avec surprise une conduite qui sapait les fondemens de sa politique, ruinait son commerce, et fermait toutes les portes aux intrigues cruelles dont se composait sa puissance. Il n'est pas vrai qu'elle ait profité de ce système pour s'emparer de nos colonies : déjà la France en avait perdu une partie, et l'autre était sur le point de lui échapper. D'ailleurs je ne crois pas que des possessions de ce genre soient jamais une véritable ressource pour nous, et qu'on doive considérer leur privation comme une perte très-sensible. Des richesses éloignées ne sont que d'un faible secours à un peuple qui a tout ce qui lui est nécessaire dans le sein de son pays. Les Français, avec leur industrie, sont à même de se passer du reste du monde. Je le conçois très-bien, nos manufactures perdirent quelque chose des avantages qu'elles devaient au commerce des colonies. Mais pour vous, Français, qu'une cour marchande voulait soumettre à ses lois, à ses volontés, ces faibles avantages ne pouvaient être d'aucun prix. En est-il parmi vous qui pourraient estimer celui que l'on verrait courber devant un intérêt presqu'entièrement personnel, aux dépens de la gloire de sa nation? Nous pouvons nous passer de l'Angleterre, elle a besoin des produits de notre sol. Il faut avoir vu la situation intérieure des trois royaumes au moment où l'Europe, liguée contre nous, envahissait nos belles contrées. La misère augmentait le mécontentement que le peuple éprouvait des guerres continuelles dont il était la principale victime. La désolation s'était emparée de tous les cœurs; ils maudissaient les auteurs des maux auxquels on les avaient livrés. Enfin quinze mois encore, et l'Angleterre, réduite à la dernière extrémité, se trouvait dans l'obligation de réclamer la générosité de notre Gouvernement.

Malgré les traités les plus sacrés, les promesses les plus solennelles, la Russie recevait dans ses ports les vaisseaux de nos ennemis. Déjà Napoléon, en la rappelant aux devoirs qu'elle s'était imposés, avait fait connaître à son ambassadeur, qu'il ne pouvait souffrir une conduite qui blessait la sainteté de sermens plusieurs fois renouvelés.

Entraînée par un fatal destin, elle avait favorablement écouté les propositions de la cour de Londres; et, pour découvrir ses projets, elle n'attendait plus que les armemens qu'elle avait ordonnés en secret fussent terminés et ses armées prêtes à entrer en campagne. En vain elle voulut intéresser la Pologne à sa cause, la Pologne garda le silence qu'exigeait son es-

poir. La crainte retenait la Prusse, et l'Autriche,
liée par une alliance qui l'avait sauvée de sa
perte, restait fidèle à ses engagemens.

Pendant tous ces préparatifs, le cabinet des
Tuileries, feignant de croire à la pureté des
intentions d'Alexandre, se mettait en mesure
de ne point redouter la rupture des négocia-
tions entamées. La prévoyance de notre souverain nous garantissait de tout danger ; mais il
la poussa jusqu'à vouloir éviter à nos alliés les
premiers maux d'une guerre qui lui paraissait
presque certaine.

Il pénétra bientôt le prince Kourakin ; et
sans laisser le temps à la Russie de prendre
l'offensive, il fit avancer ses soldats sur les
bords du Niémen, où lui-même était arrivé,
quand on connaissait à peine son départ de la
capitale.

Alors commença cette marche triomphale
du Niémen à Moskow. La victoire accompa-
gnait nos pas. A notre approche les phalanges
russes fuyaient épouvantées. Réunies à Smo-
lensk, à la Moskowa, elles ne purent soutenir
le choc de nos bataillons, et la valeur entra
avec nos soldats dans l'ancienne capitale des
Russies.

Rastopschin, ce barbare, avait armé de
torches incendiaires les nombreux scélérats qui
devaient mourir dans des prisons, les seuls
hommes qui pussent se rendre complices de son
abominable forfait, et les flammes dévorantes
qui consummaient la première ville des Czars,

éclairaient la marche de notre armée lorsqu'elle arriva sous les murs de cette malheureuse cité.

Le sénat de Saint-Pétersbourg reconnut son erreur, et voulut la réparer. Napoléon écouta les propositions qui lui furent faites. Il s'aperçut trop tard qu'on abusait sa confiance par des paroles de paix; et son retour, quoique victorieux chaque fois qu'on voulut l'arrêter, lui offrit des scènes si douloureuses que son cœur en dut être déchiré.

Le vingt-neuvième bulletin instruisit de nos désastres, et ne cacha rien des malheurs de l'armée.

Le rétablissement de la Pologne était devenu impossible, et les braves Polonais, tout en regrettant que le sort de leur patrie restât encore incertain, n'en vinrent pas moins, livrés à la douleur, mais non point abattus, grossir les escadrons français.

Plus tard la défection d'un traître, entraîna celle de la Prusse; des soldats étrangers combattant avec nous, tournent leurs armes contre nos soldats; l'Autriche, que les victoires de Lutzen, Wurtchen, de Bautzen, devaient épouvanter, lève le voile qui nous cachait son astucieuse politique, devient notre ennemie, malgré les lois de la nature et la foi de ses traités; un officier, par imprévoyance, nous fait perdre une partie de l'armée, qui va languir dans des forteresses, ou des villes que nous avions abandonnées : par tout l'égarement, la trahison, les maux les plus inouis, font rentrer dans leur patrie des Français vaincus par le malheur et vainqueurs de tous ces peuples réunis pour les combattre.

Vainement la valeur, le génie, se rassemblent pour résister aux masses d'hommes qu'on leur oppose ; vainement le désespoir, le courage, les savantes tactiques, font tomber sous nos coups de nombreux régimens : au moment où les foudres de notre armée allaient écraser des ennemis étonnés, la trahison de deux maréchaux sortis de nos rangs met la France en leur pouvoir.

Fiers d'une conquête qu'ils devaient à la lâcheté de deux indignes Français, les souverains alliés nous dictèrent des lois.

Entouré de plus de soixante mille braves, Napoléon pouvait encore à Fontainebleau disputer sa couronne. La Franche-Comté, la Bourgogne, la Champagne, la Normandie, et d'autres provinces non moins dévouées, n'attendaient que le signal du ralliement pour courir aux armes. Mais les rois coalisés avaient fait une déclaration indigne de leur caractère. Ils ne voulurent plus reconnaître celui qui tant de fois écouta en leur faveur la voix de la pitié ; et ce vainqueur magnanime, qui conduisit ses troupes dans presque toutes les capitales de l'Europe sans user du droit de conquête envers des vaincus qui réclamaient sa clémence, réduit à bouleverser la France ou à aller vivre dans un exil, préféra l'exil, le repos et le bonheur de son pays. A ce seul trait de grandeur d'âme, on se sent soulevé d'indignation contre ces écrivains adulateurs d'un parti, qui sacrifient à leur bassesse ces troupes de héros que commandait un grand homme, et ce grand homme qui créa des royaumes et enfanta des rois.

Un des plus grands reproches qu'on ait osé lui faire se rapporte en général aux administrations de l'armée pendant les trois dernières campagnes.

Les services des vivres, des hôpitaux et de santé, avaient pourtant été tour à tour l'objet de sa sollicitude. De nombreux magasins suivaient l'armée, ou formaient dans des places de la Prusse et de la Pologne des réserves considérables, sur lesquelles il avait lieu de compter.

La promptitude de sa marche depuis Vilna jusqu'à Moskow retardait celle des convois. Il comptait d'ailleurs sur les ressources d'une grande ville qui devait cesser d'exister, et où la prolongation de son séjour donna la facilité à ces bandes funestes de cosaques de couper toutes les communications qu'il avait établies, mais qu'il n'avait pas assez fortement assurées.

Des convois, dont s'emparait l'ennemi, partaient chaque jour de tous les points de la Pologne, et se remplaçaient successivement par des transports venus de l'intérieur ou par des réquisitions, soit à prix d'argent, soit aux dépens des pays où elles étaient faites, et dont le montant en aurait été remboursé plus tard.

Les hôpitaux, bien organisés sur une aussi immense étendue, perdirent par les maladies, ainsi que le service de santé, une partie de leur personnel, qui se réorganisait sur le pays même, mais n'atteignait pas le but comme s'il n'eût été composé que de Français. Ce reproche appartient plus directement à un ministre trop économe qu'à des administrateurs et à des chefs de service, qui par des efforts constans secondaient de leur mieux les intentions du monarque.

Les rigueurs d'une saison affreuse avaient déterminé la retraite la plus malheureuse qu'on ait jamais faite ; les désordres de cette retraite, où l'égoïsme, l'indigne égoïsme ramenait tout à soi, joints à des maux étrangers à la peur, signalèrent les plus grands ravages dans les administrations militaires.

Ainsi, faire de nos infortunes qu'il ne dépendait que faiblement de Napoléon d'empêcher, puisqu'elles ne provenaient point d'une totale imprévoyance ; en faire, dis-je, l'objet d'une plainte criminelle, c'est être pervers et abominable. Quand on lit M. Châteaubriant et quelques autres écrivains, égarés comme lui, par l'opinion, ou mus par l'espoir de l'intérêt, on s'écrie, avec M. le conseiller d'état Amoros : Y nadie los reduce al silencio, y nadie les impone los castigos que merecen, como incendiarios y perturbadores !

Cependant Napoléon, malgré les tourmens qu'il éprouvait à Fontainebleau, voulait fixer le destin de son fils. Son abdication avait donc plusieurs motifs louables. Les conseillers, les infâmes séducteurs des princes coalisés obtinrent d'eux tout ce qu'ils souhaitaient, et l'ambition des Bourbons, qui se réjouissaient de nos malheurs, fut satisfaite, et Napoléon, contraint de choisir un séjour éloigné, se rendit à sa souveraineté de l'île d'Elbe.

Le règne d'un roi qui commençait en avril, et que Sa Majesté datait de dix-neuf ans, dura à-peu-près dix mois. Nous n'avions plus cet esprit d'esclavage de nos ancêtres, auquel on voulut nous ramener, et Napoléon, du haut de son rocher, voyait avec sensibilité notre douleur, que trahissait une froide obéissance.

Veillant pour le bonheur de la France, il ne cessait de tourner vers elle ses regards. Habile à pénétrer le sentiment des cœurs, il découvrit dans les nôtres tout ce que les regrets ont de plus pur, tout ce que l'amour a de plus vrai. Son projet est formé, nos vœux vont être satisfaits. Déjà ses pas ont touché le sol de la patrie; déjà du point de son débarquement il entend les cris de l'enthousiasme, il voit l'élan de toutes les âmes. Ce n'est point un guerrier, revenu de ses conquêtes, que le peuple revoit et porte dans ses bras; c'est un souverain, c'est un père à qui une foule de bons Français s'empressent de témoigner l'attachement qu'ils lui ont voué et la joie que leur inspire son retour.

A peine le génie de la France a-t-il appris aux

Parisiens le départ de son favori, que par sa présence il les a tranquillisés sur son sort.

Qui l'a conduit dans sa capitale, ce monarque qui, il y a vingt-quatre jours, semblait languir, loin de nous, et de notre lâche abandon et du souvenir de mille exploits fameux? Ce n'est pas la victoire : le sang n'a pas coulé. Ce ne sont point des armées étrangères : il n'avait point d'armée. C'est donc l'amour de son peuple, c'est donc le pouvoir du grand homme. Rendu à notre admiration, nous l'avons revu dans nos murs, dans son palais, sur son trône.

Ce n'est plus ce roi d'un régent d'Angleterre ; ce n'est plus ce chef d'un état qui l'avait méconnu : c'est le héros à qui nous devons notre gloire ; c'est le législateur qui répandit sur nous tant de bienfaits ; c'est le souverain que la nation s'est donné. Français ! ne craignez plus pour votre honneur ; ne vous abaissez plus devant le fanatisme et l'insolence : le fils de la patrie, le vainqueur de tant de rois, vous rend tout entier à votre orgueil national ! Soyez heureux, vous pouvez l'être : le bonheur ne dépend plus que de votre volonté.

DES BOURBONS.

VOICI comment M. Châteaubriant commence ce chapitre :

« Les fonctions attachées à ce titre (des » Bourbons) sont si connues des Français, qu'ils » n'ont pas besoin de se le faire expliquer ; le

» roi leur représente aussi-tôt l'idée de l'autorité
» légitime, de l'ordre, de la paix, de la liberté
» légale et monarchique. Les souvenirs de la
» vieille France, la religion, les antiques usa-
» ges, les mœurs de la famille, les habitudes
» de notre enfance, le berceau, le tombeau,
» tout se rattache à ce mot sacré de roi : il
» n'effraie personne; au contraire, il rassure. »
Quel galimathias! Mais l'auteur ne s'arrête pas
là ; il continue. Nous ignorons ce que c'est qu'un
empereur ; et il nous en instruit en nous disant
« qu'un roi, descendant de saint Louis et de
» Henri IV, est un chef dont la puissance pa-
» ternelle est réglée par des institutions, tem-
» pérée par les mœurs, adoucie et rendue ex-
» cellente par le temps, comme un vin géné-
» reux né de la terre de la patrie, et mûri
» par le soleil de la France ». Et comme nous
n'avions point d'institutions ni de mœurs, il
découle facilement de cette vérité, 1° qu'un
empereur est le chef d'un peuple sauvage, et
que conséquemment nous avons vécu, depuis
la mort de Louis XVI jusqu'au retour de son
frère, comme ces malheureux noirs de Saint-
Domingue, du moment où ils obtinrent leur liberté jusqu'à celui où, ramenés par le sentiment du besoin d'un maître, ils vinrent jouir
du gouvernement paternel de Christophe, leur
nouveau roi. 2° Que M. Châteaubriant, nommé
consul en Suède, n'aurait pas eu comme nous,
si l'on avait laissé le temps à son roi d'affermir
sa puissance et celle de sa famille, la douleur

de voir peser sur la France cette insultante féodalité, dont nous avions cru couper les racines, et ces immenses couvens où s'engraissaient jadis des troupes de fainéans ; où s'organisaient des complots contre l'état et les rois ; où le fanatisme et les vices, cachés sous les talens et l'apparence des vertus, abusaient du nom sacré de la religion pour se jouer du peuple et tromper le souverain ; où enfin la sottise, la paresse et l'hypocrisie se moquaient de notre stupide crédulité, en profitant de la riche abondance qu'ils ne devaient qu'à notre fausse et généreuse humanité.

La logique de M. Châteaubriant est d'une complaisance admirable ; elle sait plier devant l'intérêt de celui qui en abuse : employée de cette manière, elle est nuisible à la réputation d'un écrivain, quel que soit son mérite.

C'est avec cette logique singulière que l'antique français M. Châteaubriant plaide contre la nation en faveur des princes qu'elle n'a vu qu'un moment pour avoir à se plaindre de ce qu'ils ont fait.

Afin de nous prouver que le sang des Capets est nécessaire à notre bonheur, il nous rappelle les surnoms de sages, bons, justes, bien-aimés, donnés à des ancêtres du comte de Lille ; les règnes de Henri IV, de Louis XIV et de Louis XVI ; la touchante sensibilité de Madame la duchesse d'Angoulême ; l'esprit, les talens, la modération, la franchise, la bravoure, le grand caractère des princes de qui nous devions attendre des lois.

Certainement qu'avec de tels motifs personne ne peut s'opposer au rétablissement d'une dynastie qui eut pour chef Robert-le-Fort, et que, par un honteux caprice, nous avions voulu détruire. D'ailleurs, dit M. Châteaubriant, comme si l'ancienneté du pouvoir pouvait obliger des hommes à une obéissance aveugle, ce Robert-le-Fort descendait vraisemblablement de la seconde race, et celle-ci de la première. Quelle profonde et sublime pensée que celle qui fait descendre de Pharamond, qui descendait peut-être lui-même du plus ancien Germain, le comte de Lille, pour nous convaincre que nous devons sentir désormais le besoin de son règne !

Au lieu d'établir des faits et de les discuter, M. Châteaubriant cherche à nous attendrir sur le sort d'une famille, malheureuse sans doute, mais qui causa elle-même son infortune, et ne sut point se tirer de l'abîme sans le secours d'un million de baïonnettes.

Oui, nous vîmes avec émotion tous les parens d'un prince que la France crut devoir sacrifier à sa liberté. Chacun pensait qu'un roi, qui avait pu long-temps méditer notre bonheur, était capable de régner sur des Français. On voulait oublier jusqu'à sa conduite passée envers nous ; on abjurait tout ressentiment ; et, malgré les chagrins d'une perte récente, les cœurs éprouvaient déjà ces sentimens de l'espérance, si trompeurs quand ils dépendent de l'avenir.

Qu'avons-nous vu, grand Dieu ! Après vingt-cinq ans de combats, de fatigues et de gloire, tous les fruits de nos travaux passent dans des mains étrangères ; et si quelqu'acte du gouvernement déplaît à nos ennemis, en deux jours ils peuvent venir, sous les murs de la capitale, nous imposer les lois de leur volonté. Quoi! Anvers, agrandi de nos richesses, fortifié de nos sueurs, devenu le point le plus formidable de notre empire, désiré de l'Angleterre, est à jamais perdu pour nous, parce qu'on craint toujours de blesser des bienfaiteurs ! Quoi! toutes ces places de la Belgique et la Belgique elle-même, qui, notre première conquête, était fière d'une réunion qui élevait et flattait son orgueil, tout cela passe sous des maîtres qu'une hospitalité passagère n'a pas rendu, seule, ambitieux! Quoi! tout ce pays qui s'étend de la Meuse, de la Moselle jusqu'au Rhin, est la proie d'un souverain que nous avons chassé deux fois de ses états ! Tels que des bêtes de somme, sacrifiés à la pusillanimité dans un commerce de politique, ces braves habitans, qui ont des droits à notre renommée, perdent en un instant leur beau titre de Français! Quoi! ramenés par l'ambition, une poignée d'hommes de l'ancien temps, nourris dans les cours ou dans les camps ennemis, prétendent recouvrer les dignités et les biens dont s'étaient emparés leurs ancêtres, réclamer notre obéissance et jouir d'une gloire dont ils auraient voulu nous priver! Quoi! ce que nous avons dit, ce que nous avons fait avant le retour du monarque, on veut bien l'oublier ! On frappe du sceau de la nullité tout ce qui établit notre grandeur! Il n'est plus question de religion, c'est du fanatisme qu'on demande! On nous promet la liberté, quelques hommes seuls en jouissent! On nous promet l'oubli de nos erreurs, des monumens vont les rappeler sans cesse à notre mémoire! On déclare que nous sommes égaux, et l'on établit des distinctions! Malheur à celui qui veut parvenir s'il n'a pas à justifier que ses talens ou ses armes ont été employés au-dehors, et si la cour ne le reconnaît point pour vendéen, émigré, royaliste enfin! Pourquoi la cour de cassation va-t-elle perdre quelques-uns de ses membres! Pourquoi la quatrième classe de l'institut cesse-t-elle d'exister? Opinion, cruelle opinion! que vous causez de maux!

Osez demander le motif de tous ces égaremens; osez élever la voix contre ces fureurs d'un parti qui trahit le vœu de la nation : le mot est-là, et votre bouche muette annonce l'étonnement de la raison.

Après une longue absence des hommes rentrent dans leur patrie, où la fureur révolutionnaire a dévoré leurs parens et leurs biens. Ces hommes, jadis puissans, ont à leur tête le chef qu'ils se sont choisi, et ce chef doit commander à ceux qui ont livré son frère à cette rage qu'ils nommèrent la liberté; qui ont privé ces mêmes hommes de ce qu'ils appellent leurs droits et leur patrimoine.

Quelle conduite peut-on raisonnablement

attendre des uns ? Quelle obéissance peut-on exiger des autres ?

Obligés de vivre ensemble, ils ont tous des prétentions difficiles à satisfaire. Les premiers, en petit nombre, ressemblent à ces gardiens d'une ménagerie, qui, par un manque de soins, ont laissé rompre leurs fers à des pauvres animaux que le désir de la liberté tourmentaient, et qui, parvenus à reprendre ces malheureux, leur font sentir tout le dépit qu'ils ont causé. La brutalité et l'ignorance des gardiens les empêche d'être justes, et de penser que la perte d'une liberté chérie et long temps goûtée, est une punition assez cruelle, sans qu'il faille encore y ajouter par d'autres maux.

Les derniers, semblables à ces petits arbustes sur lesquels le hasard a fait tomber un morceau de rocher, et qui, étendant leurs racines et repliant leurs branchages, s'emparent des côtés, enferment et cachent bientôt aux yeux cette pierre qui paraissait devoir les ensevelir à jamais ; les derniers, ne pouvant supporter la tyrannie de leurs anciens maîtres, fatigués de la rudesse de ceux qui les oppriment, assez forts pour secouer le joug, mais point assez hardis pour l'entreprendre, attendent qu'il y en ait un plus audacieux, capable de leur montrer le chemin qu'il faut suivre : ils secondent ses efforts, et c'est celui-là qui doit leur donner des lois.

Voilà en peu de mots, les motifs qui ont pu

opérer le changement que vient de subir le gouvernement français.

Le comte de Lille avait bien des torts à venger; mais, politique adroit, il laissait arriver le moment où il aurait pu agir avec sécurité. Pour mieux assurer le succès d'un plan caché, il s'entourait de ceux qu'une vieille opinion avait attachés à sa personne, et que nourrissaient contre nous une haine qui avait sa source dans leurs regrets, dans la honte, dont les couvrit nos armes, lorsque conduits par la bassesse ils grossissaient les rangs de nos ennemis, et gémissaient de nos triomphes; enfin, dans la gloire de cette nation indignée de les voir si près de l'arbitre de ses destins.

Malgré sa perspicacité, le comte de Lille ne s'aperçut point de son erreur. Tout, à ses yeux, marchait vers le but désiré. Une circonstance fatale à un seul homme, dut contrarier l'ordre de ses desseins.

Le colonel Stevenot, qui, à force d'adresse, se retrouvait au milieu de ses concitoyens, recrutait pour la formation d'une légion royale. Cet officier se croyait à l'abri de toute crainte, quand le directeur de la police, après plusieurs rapports présentés par lui au chancelier, ayant obtenu l'ordre qu'il réclamait, le fit arrêter : mais il ne fut point reconduit à Brest. Son maître pressentait déjà les événemens, et jugeait qu'il pourrait utiliser ses moyens. Le directeur général de la police et le chancelier ne connaissaient point les motifs de la démarche extraordinaire du colonel Stevenot. M. d'Ambray, seul, en fut bientôt instruit par la manière dont le comte de Lille reçut la nouvelle de l'arrestation du recruteur.

Sans vouloir préciser la destination que devait recevoir cette légion ; sans vouloir ajouter à l'exposé que je viens de faire, seulement parce que je n'ai pas en mains de preuves irrécusables, je ne puis m'empêcher d'avouer qu'il m'a été impossible de rejeter en doute que le colonel Stevenot avait été mis en avant, et qu'il était sacrifié au comte de Lille comme Favras avait eu le malheur de l'être, en 1789, au comte de Provence.

Je crois qu'il est facile de juger un homme dont le cœur ne se soulève pas à l'idée de pareils sacrifices. Il craint l'infâmie pour lui-même, et veut en charger les autres : ce sont des crimes utiles à ses passions ; mais comment sauvera-t-il sa mémoire de la terrible postérité , qui doit raconter à nos descendans tout ce qu'elle saura de leurs anciens souverains! Que le comte de Lille doit souffrir si le remords ronge toute espèce de coupable.

Reportons-nous à cette époque où Napoléon, pour éviter à la France les malheurs d'une guerre civile , sacrifia son trône et sa famille à notre tranquillité. Las d'une guerre au sein de la patrie, les Français, tout en voyant l'ennemi dans les murs de la capitale , ne s'attendaient pas à recevoir du vainqueur un maître dont ils avaient oublié l'existence, et qui d'ailleurs était inconnu

à la presque totalité de la génération présente.
Les souverains voulaient mettre des bornes à
notre pouvoir ; il craignaient Napoléon , mais
ils ne pensaient pas à lui ravir la couronne que
nous lui avions donnée. L'intrigue fit donc sur
eux l'effet de la volonté : peut-être qu'intérieu-
rement flattés de pouvoir se défaire d'un capitaine qui les avait si souvent vaincus , ont-ils vu
avec plaisir qu'on cherchât à leur prouver que
le bonheur de la France et le repos de l'Europe
dépendaient de leur fermeté. Abusés ou feignant
de céder à la nécessité , ils déclarèrent ne pouvoir plus traiter avec Napoléon , et que le vœu
de la France , favorable aux bourbons , était
sacré pour eux.

Nos deux plus grands ennemis, Talleyrand et
le comte de Stadion , à la tête des stipendiés par
l'Angleterre et ses protégés , avaient séduit les
monarques alliés par des discours spécieux et par
ce motif plus spécieux encore , que les Français
ne pouvaient être heureux sous un usurpateur et
qu'il était de l'intérêt des princes coalisés de
montrer aux peuples qu'un roi choisi par eux ne
saurait jamais se maintenir sur son trône.

Je n'admets point que Napoléon fut un usurpateur , parce que les Bourbons avaient perdu
leurs droits , parce que la nation, reconnaissant
son pouvoir , pouvait désigner son chef alors
qu'elle en manquait de digne d'elle, et parce
qu'il avait été reconnu de tous les souverains.

Pepin fut un usurpateur en ce qu'ayant rendu
la couronne à Childéric III , dont Charles-

Martel l'avait privé , il la lui reprit et le fit enfermer dans un monastère. Hugues-Capet mérita ce titre, parce qu'après la mort de Louis **V**, dit le Fainéant , il s'empara du trône au détriment de Charles , fils de Louis-d'Outremer. Il s'y maintînt malgré les quinze petits souverains entre lesquels la France était partagée alors.

Sa dynastie , qu'on divise en cinq branches , faillit cesser d'exister dans la personne de Henri III. Les ligueurs avaient proclamé le cardinal de Bourbon, et Henri IV n'eut peut-être pas réussi, malgré ses droits, dans une entreprise légitime, s'il n'avait pas abjuré le protestantisme, tant le peuple était exalté par le fanatisme de la religion.

Je n'hésiterais pas à traiter d'usurpateur le comte de Lille , qui , n'ayant plus de droits à la couronne par la volonté de la nation , contre laquelle il osa tant de fois conspirer , si le peuple eut manifesté son indignation lorsque des étrangers le forcèrent à accepter un maître qui leur faisait espérer une grandeur que Napoléon ne leur eut pas permis ; si les souverains , trompés par les intrigans d'un parti composé de traîtres , eussent cru devoir le reconnaître comme le prince du jour et non comme le roi successeur légitime d'un autre roi , la nation ayant déclaré qu'aucuns membres de cette famille ne pouvaient plus prétendre à la gouverner.

Dans la situation où se trouvait la France , il est peu surprenant que le comte de Lille soit monté sur le trône sans trouver d'opposition bien prononcée de notre part. Peut-être serait-il parvenu à s'y maintenir, s'il avait pu penser que sa force venait de nous et non de sa dignité.

Ses premiers pas sont incertains, ses premiers actes sont un mélange de faiblesse et de puissance. Il commence par instruire ses sujets qu'il reconnaît tenir son sceptre de Dieu et du Régent d'Angleterre. La nation n'y est donc pour rien ; il la dégage donc de toute obéissance.

Persuadé qu'il nous faut une une monarchie constitutionnelle, au lieu d'invoquer les lumières de nos représentans et d'accepter le pacte qu'ils proposent, il s'entoure d'hommes dont la conduite a dû déplaire au peuple, et, aidé de leurs conseils, il a fait une constitution, qu'il n'invite pas à sanctionner, mais qu'il nous donne comme une condescendance volontaire du souverain. Personne ne promet d'en observer les dispositions, et son insouciance lui fait oublier que sa famille doit jurer de conserver pur cet acte presque clandestin.

Cet acte, qui serait entre particuliers, l'ouvrage du plus insigne fourbe, ne présente aucune solidité, et fut violé dès le moment de sa naissance.

On voulut changer nos lois, nos coutumes, nos habitudes. La religion catholique, pour être dominante, ne devait point empêcher l'exercice des autres ; mais l'intolérante chrétienté n'y eut aucun égard. La liberté individuelle était promise, et l'on punit de l'opinion. On accordait la liberté de la presse, et la pensée fut comprimée par des censeurs. Les propriétés nationales étaient inviolables, et les cessions à madame de Duras, bien qu'elles parussent être volontaires, ne purent rassurer des acquéreurs craintifs, parce que ces cessions, faites sans remboursement du prix d'achat, semblèrent cacher quelque secret dont le doute était une injure à la Charte. On ne pouvait être recherché pour votes, et le comte de Lille réorganisa la Cour de cassation, où siégeaient plusieurs juges dans le procès de Louis XVI, et supprima la quatrième classe de l'Institut, par rapport à un seul homme; et ceux qui avaient figuré, soit dans le fameux jugement, soit dans les tourmentes de la révolution, ne purent conserver ni obtenir d'emplois. Tout devait rester *in statu quo*, et le Sénat devient Chambre des pairs et éprouve de nombreux changemens; l'on supprime la caisse d'amortissement, les dotations de la légion d'honneur, les maisons des orphelines des membres de cette légion, etc., etc. Des proclamations précédentes avaient dû faire croire que la puissance serait balancée, et le comte de Lille réunit tous les pouvoirs.

On avait compté en vain sur un gouvernement libéral; trompés dans notre espoir, nous lui refusâmes la confiance dont il avait le besoin; et ce fut pour nous en punir sans doute qu'il chercha à avilir la nation.

Le père de Georges Cadoudal fut ennobli; une Vendéenne qui s'était vantée d'avoir sacrifié de ses propres mains un grand nombre de Français à la cause du comte de Lille, reçut des honneurs et des récompenses : on ne parla plus que d'émigrés, de chouans, de royalistes, de vengeance et de religion. L'honneur de la patrie et la gloire des armées n'étaient plus que des noms méprisables. Trente mille officiers furent mis à la demi-solde, et un sieur de Castries, qui commandait la 15e. division militaire, animé par l'exemple du duc de Berry, annonçait dans toutes les maisons de Rouen que deux ans suffisaient au comte de Lille pour les débarrasser de tous les officiers de race bonapartienne.

Avec d'aussi grandes vues, le chef du gouvernement ne pouvait manquer d'exciter un mécontentement général.

Voici encore quelques dispositions singulières, soit de la charte, soit des ordonnances, dont on était peu avare.

On ne peut être député si l'on ne paie pas mille francs d'impôts, et membre d'un collége électoral si la cottisation directe ne monte pas à trois cents francs. Ainsi, dans un département, l'homme le plus éclairé, s'il est privé de fortune ne peut être ni l'objet du choix des colléges ni admis, comme électeur, à donner un suffrage utile.

Les ministres, qui ne peuvent être accusés que pour fait de trahison et de concussion, sont admis aux discussions des chambres.

Les militaires rentrés dans leurs foyers par suite des déclarations du gouvernement provisoire et du comte d'Artois, sont rappelés sous les drapeaux. Ceux qui manquent de bonne volonté sont conduits par la gendarmerie ou sous une escorte militaire.

Les droits-réunis devaient être abolis. Que ne disait-on aussi qu'aucun droits ne seraient prélévés, et qu'il n'y aurait plus de contributions !

La conscription est supprimée, et l'on prépare un mode de recrutement qui ne s'en écarte que par la répression de quelques abus d'autorité, que tôt ou tard on eût fait disparaître.

L'université se réorganisait sur les anciennes bases.

Enfin, tant de promesses avaient été faites, qu'il y eut impossibilité d'en tenir une faible partie. Fallait-il nous abuser alors !

On nous ramenait à grands pas vers ce temps où le peuple vivait dans l'abrutissement de l'esclavage. L'homme d'autrefois voulait faire rétrograder la nation : il ne nous connaissait point et ne cherchait point à nous connaître. Enivré d'encens et d'orgueil, la patrie était son bien, les Français ses vassaux; et, comme un voyageur qui, après vingt-cinq ans d'absence, rentré chez son père, trouve un palais à la place d'une maison de peu de prix qui existait lors de son départ, et veut rendre à sa forme première ce palais dont la magnificence blesse sa vue et lui fait sentir qu'il ne peut dignement l'habiter; le comte de Lille prétendait disposer à son gré d'un empire tel que le nôtre.

Son illusion fut bientôt détruite. Napoléon ; était débarqué avec six cents braves, sur les côtes de la Provence, et annonçait le dessein de remonter sur un trône où l'Europe entière l'avait vu si puissant. Il s'agissait de l'arrêter dans sa marche, et de fixer à jamais le destin des Bourbons. Mais la faiblesse, la crainte, la confusion régnent dans les ordres qu'on donne ; on ne sait à qui s'adresser. Les officiers à la demi-solde sont rappelés ; des proclamations aux armées, où la flatterie la plus gauche se mêle aux promesses que la nécessité commande, instruisent le soldat, dédaigné par la cour, maltraité par le duc de Berry, injurié par les écrivains du jour, combien sont pressans les secours qu'on réclame de sa valeur ; des affiches, sans cesse renouvelées, remplies de vociférations, portent la terreur dans l'ame des citoyens ; les royalistes, fanatiques aveuglés par l'opinion, et les ministres de l'évangile, et un Salgues, à la tête de quelques énergumènes, barbouilleurs de feuilletons, tous abusés par des nouvelles mensongères, ou n'écoutant que la rage de s'être déclarés trop tôt, prêchent aux Français les horreurs de la guerre civile, et les meneçant du courroux des puissances ; le comte de Lille se rend au corps législatif, semble demander la pitié des députés, et fait jurer àson frère fidélité à la Charte ; des officiers de l'autre temps, et des gardes du corps, placés à toutes les issues du château et du jardin, répandent les bruits les plus favorables à la cause de leur maître et en même

4 *

temps les plus contradictoires, et distribuent des pièces d'argent aux déguenillés, qui vont crier sous les fenêtres de l'appartement royal un *vivat* trompeur; les troupes abandonnant un parti qui n'est pas le leur, on a recours à la garde nationale; les employés des administration qui veulent partir comme volontaires reçoivent une indemnité; enfin, si l'on avait écouté le comte de Lille et ses agens, la France entière aurait pris les armes contre un rebelle, qui éprouvait toujours des défections, et ne cessait point d'avancer. Pour engager les Parisiens à se montrer, on leur annonce, avec beaucoup de bruit, que la population entière de Bordeaux, de Marseille, de la Vendée, est prête à fondre sur le traître, et que les habitans des pays qu'il traverse, et qui veulent l'aider à conquérir son empire, ne sont autres que la plus vile populace, qui ne saurait inspirer de crainte. Mais si l'on usait de tous les moyens capables de l'ébranler, on lui taisait que des assassins avaient été soudoyés par la lâcheté et la faiblesse. Le comte de Lille et ses partisans, livrés à l'égarement le plus complet, quittent la capitale, et Napoléon occupe le soir le palais, que le comte de Lille a quitté le matin.

La demeure impériale ressemblant à celle d'un particulier qui, à son départ, a fait enlever tout ce qui, non scellé dans le mur, attestait la propriété du locataire.

Le comte de Lille, illustré par des conspirations, voulait une guerre civile, ne demandait que du sang ; et, bien convaincu des dangers auxquels était exposée sa couronne, disposait déjà, depuis le 12 mars, de son pouvoir pour se former un trésor intarissable.

Dès le mois de décembre, soit qu'il prévît son sort, soit que des engagemens secrets l'exigeassent, des envois fréquens de sommes considérables eurent lieu jusqu'au jour de sa fuite. Pauvre peuple, qu'on charge de pesantes impositions, que vos représentans ont accablé des dettes d'un prince qui ne les avait contractées que pour vous combattre, et payer les ennemis de votre gloire, mouillez donc de vos sueurs ce linge que vous vendez pour satisfaire aux obligations qu'on vous impose !

Français, habitans des cités et soldats, sacrifiez donc au comte de Lille ces jours et cet honneur qu'il n'a pas tenu à lui de vous ravir ! Et, pour lui plaire, ainsi qu'à ses indignes courtisans, transfuges de la nation, repoussez de votre sein le guerrier à qui vous devez votre renommée, à qui vous devrez encore une fois le repos et la liberté !

DES ALLIÉS.

JAMAIS on n'a lu d'ouvrage, j'en excepte le Cabinet de Saint-Cloud, qui plus que celui de M. Châteaubriant, fût rempli de mensonges et d'injures.

Selon lui , la coalition ne fut formée contre Napoléon que parce qu'il n'avait ni bonne foi dans ses traités ni honneur dans ses sermens. Ses conquêtes les plus solides , ajoute-t-il, eurent lieu pendant que les puissances se reposaient sur la garantie d'une paix obtenue au prix du sang.

Oui, M. Châteaubriant ; c'est Napoléon qui a bombardé Copenhague , malgré le traité d'Amiens; oui, c'est lui qui a attiré les Anglais en Espagne, pour se donner des ennemis; oui, c'est lui qui s'est mis dans l'obligation de quitter ses armées à Madrid pour venir s'opposer à la marche des Autrichiens, que son absence attirait chez nous, dans le dessein de se venger de leurs défaites et d'une paix que le vainqueur de Castiglione leur avait rendu indispensable; oui, c'est lui qui a appelé les Russes à Austerlitz, pour le plaisir de les combattre et de les vaincre ; oui, c'est lui qui a faussé les promesses faites à Tilsitt de ne point commercer avec les Anglais et de leur fermer ses ports.

Il n'est pas vrai que les motifs qu'allègue M. Châteaubriant soient ceux qui décidèrent les alliés à former une ligue aussi formidable, et la première de ce genre qu'on ait vu réussir. Rapprochés par des circonstances extraordinaires, ils voulaient poser des bornes à la puissance de Napoléon. Ils l'avaient assez bien jugé pour croire que les forces d'un seul souverain , quel que fût le général qui les commanda , seraient insuffisantes. D'ailleurs une saison rigoureuse avait causé des pertes immenses à notre armée ; et le courage des Russes, abattu par nos victoires, avait pris un nouvel essor à la vue de nos malheurs. Alexandre eut recours à la Prusse, son ancienne alliée. Soit en flattant ses projets d'agrandissement, soit en parvenant à la convaincre qu'il n'y avait que ce moyen d'empêcher que ses campagnes souffrissent des calamités de la guerre, soit en lui démontrant l'impossibilité de rester unie à un souverain presque vaincu, qui exigerait des sacrifices pénibles, il obtint du cabinet de Berlin qu'il ferait cause commune avec lui.

Leurs premières opérations commencèrent donc sous l'influence du général Yorck. Malgré la déclaration de Frédéric Guillaume, personne ne put douter que ce général n'eût reçu l'ordre de tourner ses armes contre nous. L'armée n'en fut point la dupe. Elle vit d'ailleurs les nombreux recrutemens de la Prusse, et ces détachemens considérables qui, réunis sur tous les points du royaume, se rendaient en Silésie pour se former en corps.

Qui se serait attendu à une pareille conduite de la Prusse ? Napoléon pouvait-il penser qu'un roi qui avait ses soldats sous les ordres d'un maréchal de France osât trahir des engagemens sacrés ?

Cette première défection décida toutes les autres, parce que nous avions été malheureux une fois, et la coalition fut formée.

Quel Français vit sans surprise la Bavière et

le Wurtemberg, oublier qu'ils devaient à Napoléon la monarchie sous laquelle ils trouvaient la liberté et le bonheur?

Si la reconnaissance est chez les souverains un poids qui les embarrasse, les liens du sang ne doivent pas être plus sacrés pour eux. Ainsi Napoléon avait fait un royaume de l'électorat de Bavière, et fixé à jamais son destin parmi les peuples de l'Europe ; son fils adoptif, le prince Eugène, pour consolider notre union, avait épousé la princesse Amélie : il eût donc été déraisonnable de ne point compter sur un roi que tant de motifs devaient attacher au chef de notre empire.

Une alliance du prince royal de Wurtemberg, avec une des filles de Maximilien-Joseph, avait ajouté encore aux sentimens que ne pouvait refuser à Napoléon l'électeur devenu souverain de Wurtemberg.

Mais un abandon sans exemple devait plus tard légitimer aux yeux de ces deux rois une conduite que réprouvait l'honneur.

Après des pertes incalculables et les maux affreux de la guerre, portés au sein de ses états, l'Autriche, vaincue par nos armes, réclamait de Napoléon la clémence et la pitié. Pour la deuxième fois le cabinet de Vienne nous voyait vainqueurs dans une lutte où il avait pris l'offensive. Maîtres de tout l'empire, il ne tenait qu'à nous d'imposer des lois telles que ce cabinet fût désormais dans l'impossibilité de nous tromper. Mais Napoléon prouva que la géné-

rosité est aussi une des qualités qui embel-
lissent son âme. Il n'exigea de frais de guerre
que ceux qui pouvaient rendre au trésor les dé-
penses qu'il avait faites. Content d'être utile
au roi vaincu par son génie et par notre courage, Napoléon s'empressa de retirer ses troupes
du territoire témoin de la valeur française.
Bientôt on vit à Erfurt cette réunion de souverains qui devaient s'embrasser et se jurer une
amitié éternelle et sans bornes.

C'est alors que le système continental fut
adopté. C'est alors que l'empereur François,
rempli d'admiration pour le chef magnanime,
l'objet de notre amour, lui offrit la main d'une
archiduchesse. Il coûtait à la sensibilité de
Napoléon de causer des chagrins cuisans à une
épouse qui l'aimait avec tendresse. Mais le sort
de la France n'était point fixé ; elle aurait voulu
qu'un prince de la race de son héros vînt com-
bler ses vœux et nourrir ses espérances. Nous
apprîmes les projets de l'Autriche, et notre joie
décida du bonheur de Joséphine.

Qui n'a point vu ces transports d'une allé-
gresse générale, lorsque notre nouvelle impé-
ratrice fut conduite à l'autel, ne peut juger que
faiblement des sentimens, fondés sur notre espoir, qu'une alliance aussi auguste fit naître
dans tous les cœurs.

Vienne acquit bientôt la certitude qu'en assurant le destin de l'archiduchesse Marie-Louise,
l'empereur François s'était fait un allié puissant
dans un gendre qui avait soumis l'Europe et

agrandi la France d'une gloire qui manquait à son orgueil.

Cependant, malgré tant de sujets de nous être attachée, l'Autriche ne balança point à se soumettre aux désirs de la Russie.

La confédération du Rhin , emportée par le torrent, devint contraire aux intentions de son protecteur.

La Suède, qui avait aussi des motifs pour garder au moins la neutralité, la Suède fit marcher, sous les ordres de Bernadotte, ses armées contre des Français.

Il ne nous restait plus que le Danemarck et la Saxe : mais le premier, épouvanté par des menaces, se retira vers le Holstein ; l'autre, réduite par les événemens à obéir à des généraux déjà séduits, se trouva dans la nécessité de nous abandonner, et nous vîmes ses drapeaux se déployer sur le front des colonnes ennemies.

Toute l'Europe , armée contre une nation qui avait à sa tête le premier capitaine de l'univers, au sein même de notre patrie, allait perdre tout le fruit de ses peines et de ses travaux sans la trahison de deux indignes Français.

Je ne rappellerai point ici la série des événemens qui suivirent cette trahison ; je me bornerai à faire remarquer que les princes alliés n'eurent point pour Napoléon le souvenir des bienfaits obtenus de sa générosité, ni ces respects qui sont une convenance de souverains. Ils se laissèrent gagner par les intrigues de quelques

traîtres et la lâche politique des Anglais , et cru-
rent , en servant les Bourbons, que la cause des
rois contre les peuples y était intéressée. Mais il
ne virent point que le préjugé qui les élève si fort
au-dessus de leurs sujets allait être détruit , et
qu'ils portaient un grand coup à cet usage qui
conserve à la nation vaincue le chef de son gouvernement. Par exemple, si l'Autocrate de toutes
les Russies déplaisait à Napoléon , et que ce
monarque , parvenu à s'emparer de Saint-Pétersbourg, établit sur le trône des Czars un autre membre d'une branche souveraine maintenant étran-
gère à la couronne, Alexandre serait-il admis à se
plaindre ! Comme Napoléon , peut-être , il ne
serait pas ramené par la force de l'opinion , née
de son grand caractère et de la supériorité de son
génie; mais en le supposant , la Russie n'aurait
pas moins reçu d'un étranger un chef qui eût pu
lui convenir. Ainsi les souverains doivent être
bien persuadés que lorsqu'ils agissent despoti-
quement entr'eux , ils s'accordent mutuellement
des droits qui ne sauraient leur appartenir et
donnent aux peuples le pouvoir de se soustraire
à leur domination.

Si l'autorité de la force justifie les alliés à
l'égard de Napoléon , pourquoi, lorsque nous
les avons vaincus, lorsque nous étions dans leurs
capitales, pourquoi ne crumes-nous pas devoir
imposer d'autres princes à leurs sujets ; c'est que
Napoléon respectait les droits des peuples et l'u-
sage établi parmi les souverains ; c'est qu'il ne
sut jamais balancer entre l'honneur qui maintient
et le pouvoir qui détruit.

Non, ma raison se refuse à le croire, Napoléon ne fut pas sacrifié parce qu'il trahit la foi de ses traités et de ses sermens, parce qu'il outragea les rois, qui craignaient pour leurs couronnes; parce que, né d'une révolution, le peuple l'avait assis sur le trône, et que ce pouvait être d'un dangereux exemple pour les souverains; non : les princes redoutaient la force de son génie et la valeur française, animée par son chef; ils redoutaient que la France ne s'élevât à un point que leur orgueil ne put atteindre; et trop faciles à se laisser abuser par des promesses fallacieuses d'un gouvernement machiavélique, qui voulait que son commerce domina celui des autres nations, ils furent entraînés comme malgré eux à des mesures dont la rigueur aurait dû les effrayer.

Qu'un Châteaubriant voie la perte de l'europe dans le règne de Napoléon, je n'en suis point étonné; un bon littérateur n'est pas toujours un bon politique; et, quand on lui accorderait ces deux qualités, sa logique, résultat de l'intérêt et de l'égarement de l'opinion, m'empêcherait de croire à la justesse de ses raisonnemens, lorsqu'il ne les appuierait pas de faits qui puissent être jugés.

Nous ne pouvons oublier, monsieur Châteaubriant, ce que nous devons au Régent d'Angleterre, le comte de Lille non plus, lui qui l'a prouvé aussi-tôt son arrivée à Paris : vous n'avez pas besoin d'en supplier la nation. C'est lui qui a conservé, aidé de ses conseils perfides et de

ses trésors, un prince que les puissances n'a-
vaient pas le droit de nous imposer. Nous les
rappellerons à nos enfans, ce Régent d'Angleterre
et son protégé. Ils fixeront eux-mêmes l'espèce
d'estime qu'ils croiront devoir leur accorder.

Les Alliés sont déjà instruits du retour de
Napoléon , et de la conduite que le comte de
Lille a tenue ainsi que ses partisans , lorsqu'il
était sur le trône. Ils ne voudront pas venir jusqu'en France tyranniser un peuple pour un
prince qu'il n'a jamais voulu reconnaître, et qui
n'a pas craint , en le quittant , de se charger des
dépouilles de la nation. Ils ne voudront pas,
pour l'ambition de quelques hommes , qu'ils
savent bien être indignes de nous , et qui pré-
tendaient reculer le siècle des lumières et de la
liberté , faire couler le sang de leurs sujets et
employer les ressources de leurs trésors. Dail-
leurs , ils ne peuvent en douter , ceux qui vou-
draient maintenant nous assujétir à des lois
étrangères à nos mœurs et à nos opinions , trou-
veraient des Français dignes de se soustraire à
l'oppression de leur volonté. Qu'ils tremblent
s'ils se laissent abuser encore : Napoléon , le
héros de la liberté française , se mettrait à la
tête de la nation.

Je vais me résumer par une réponse à cette
question : les Français connaissent-ils bien Napoléon et le comte de Lille ? s'ils ont étudié leur
conduite , leur caractère, leurs moyens, dont
dépend le bonheur de la patrie , lequel des deux
paraît le plus susceptible d'occuper dignement

la première place parmi nous? de quel intérêt peut-il être, pour les puissances, que le comte de Lille obtienne la préférence de la nation?

Pour établir un juste parallèle des deux souverains qui font ici l'objet de ma question, il faudrait qu'on pût prouver que l'un des deux a été à même de sortir de cette obscurité profonde à laquelle la France l'avait condamné ; qu'il fût possible de décider comment il se peut faire qu'un homme d'un génie actif, entreprenant ; né avec des qualités brillantes, et dont les actions attestent la supériorité qui commande la soumission ; placé, par le hasard, si près de la souveraineté : comment, dis-je, il se peut faire qu'il ait laissé ignorer son existence, si son cœur ne lui représentait point tous les maux que la plus médiocre célébrité aurait pu causer à sa patrie? Un homme que l'humanité, l'amour de ses semblables, la philantropie la plus pure entraîneraient à sacrifier d'ambitieux projets et le désir d'employer la renommée à publier son nom, mériterait sans doute une haute élévation et serait digne de régner. Tel le comte de Lille, si, après avoir abandonné à une mort presque certaine un frère qu'il devait défendre au prix de tout son sang, il n'eût point abusé de sa naissance pour séduire des souverains étrangers, et les conduire, les armes à la main, dans le sein de son pays ; s'il n'eût point excité, en faveur de sa cause, contre la masse entière de ses compatriotes, une contrée qu'il rendit long-temps malheureuse ; si, au lieu d'attendre que le peu-

ple, las de ses propres crimes, eût été lui offrir
de le tirer de l'abîme où il s'était plongé, il n'a-
vait été mendier les secours de nos ennemis ; si,
voyant que la nation, pour récompenser les travaux d'un grand capitaine, lui avait donné un
titre qui renversait toutes les prétentions d'un
autre, il n'eût point soudoyé des assassins qui
pouvaient renverser un gouvernement établi, et
troubler la tranquilité de vingt millions d'indi-
vidus ; enfin, si, ramené par un concours d'événemens affreux, il n'eût pas déclaré qu'il ne
tenait rien du peuple et s'il n'eût pas voulu le
faire rétrogader d'un demi-siècle.

Puisque l'obscurité du comte de Lille n'a pas
un noble motif aux yeux des Français ; qu'inconnu à la génération présente, malgré tout ce
qu'il a pu faire ; que réduit à vivre ignoré contre
sa volonté et par défaut de moyens, il n'a pu
rester qu'un moment sur un trône dont il a terni
l'éclat et la splendeur, la nation eut donc raison
de déclarer que la couronne de France n'était
plus l'héritage des Bourbons, et son choix prouve
donc sa sagesse.

En effet, un simple officier, élevé par ses talens au grade de général, a conquis l'Italie, le
royaume de Naples ; a conduit nos armées dans
toute l'Allemagne, en Egypte, en Syrie, en Espagne, en Portugal, en Prusse, en Pologne,
dans le fond de la Russie ; a couvert sa nation
d'une gloire impérissable ; a reculé au loin nos
frontières ; a aggrandi et embelli nos cités ; a
facilité le commerce par des canaux et des routes

sans nombre ; a fait fleurir les arts ; a formé un gouvernement sage ; et, dans l'obligation de céder à la force d'un grand orage, après un exil de dix mois, mais volontaire, puisqu'il pouvait compter sur une armée et les secours de plusieurs provinces, et s'en servir s'il n'eût redouté les horreurs d'une guerre civile, à reparu aussi puissant que lorsque l'Europe se liguait contre lui ; a rendu les Français à leur liberté, à leur orgueil : ce simple officier, à l'abri d'un parallèle qui ne saurait flatter la nation, avait donc pu mériter nos suffrages et devenir l'objet de notre choix.

Il ne peut être indifférent pour les souverains que le chef de notre gouvernement soit faible et pusillanime ou plein d'âme et de grandeur. Le premier prend toutes les formes, trompe, et sa politique astucieuse embarrasse les cabinets, qui ne sauraient compter en rien sur ses promesses. Le second, ferme, redouté, mais libre dans une politique hardie et franche, parce qu'elle est exempte de crainte, promet à ses voisins un appui salutaire ou un ennemi terrible. La paix doit être plus assurée avec celui-ci, parce qu'aucun n'ose en altérer la base par une conduite opposée à ses sermens et parce que ce dernier, inaccessible à l'intrigue, tient à ses engagemens par orgueil et par ménagement pour sa gloire.

Ainsi, Napoléon est le chef qui nous convient ; les alliés n'ont pas le droit de nous le ravir. Ils doivent, au contraire, voir avec satisfaction, s'ils se font aimer de leurs sujets, qu'un prince qui fait beaucoup pour sa patrie peut tout espérer d'elle ; ils doivent, s'ils n'ont pas le dessein de nous diviser pour profiter de notre égarement, reconnaître dans Napoléon un souverain dont l'amitié leur serait d'un grand secours dans des circonstances difficiles, s'ils avaient besoin de la nation française. Qu'ils se rappellent nos victoires et qu'ils redoutent nos armées, si jamais ils se laissent entraîner à dépasser leurs limites.

Vive l'Empereur !

FIN.

De l'Impr. de CHARLES, rue Thionville, n°. 36

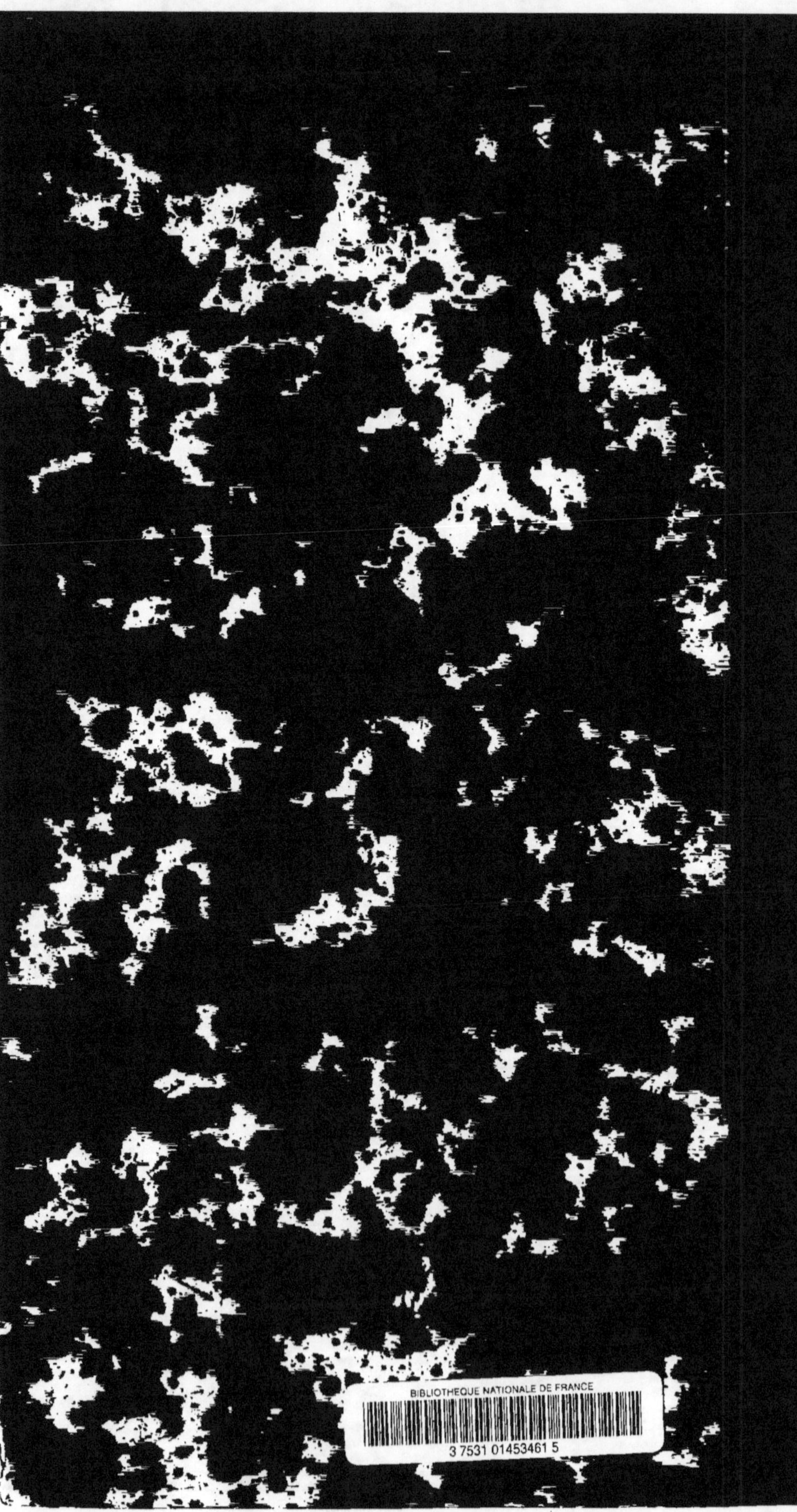

www.ingramcontent.com/pod-product-compliance
Lightning Source LLC
Chambersburg PA
CBHW071347030726
47594CB00002B/781